Tiré à 140 exemplaires numérotés :

110 petit in-8°, papier vergé.
 90 grand in-8°, papier vergé, avec double figure.
 10 grand in-8°, papier de chine, avec double fig., tirage en rouge et en noir.

—

N°

DEUX
GOUGNOTTES.

DEUX GOUGNOTTES.

STÉNOGRAPHIÉ

DE

JOSEPH PRUDHOMME

Élève de Brard et Saint-Omer
expert en écritures assermenté près les Cours et Tribunaux

Avec un portrait calligraphié de l'auteur, et un frontispice résultant
dessiné et gravé

par

PARTOUT ET NULLE PART.

—

L'AN LE XIII NICMLXXIV.

DEUX GOUGNOTTES [*].

[*] Pour ce mot et tous les autres, du langage libertin, qu'on rencontrera dans cette petite comédie de mœurs, consulter le Dictionnaire érotique moderne, par un professeur de langue verte.

PERSONNAGES.

MADAME DU CROISY, châtelaine.
MADAME LOUISE LAVENEUR.
MADAME HENRIETTE DE FREMICOURT.
JULIE, femme de chambre.

L'action, dans un château des bords de la Loire, en 1860.

DEUX GOUGNOTTES.

SCENE PREMIERE.

Mme DU CROISY, Mme DE FREMICOURT, Mme LAVENEUR, JULIE.

(Mme du Croisy introduit ses deux amies dans l'appartement qui leur est destiné; Julie va et vient pour s'assurer que rien ne manque des choses indispensables dans une chambre à coucher.)

Mme DU CROISY.

Vous serez très-mal ici, mesdames,

et j'en souffre vraiment... Mais c'est vous qui l'avez voulu...

Mme LAVENEUR.

Au contraire, chère madame, nous serons on ne peut mieux ici, je vous jure, on ne peut mieux.

Mme DE FREMICOURT.

Certainement.

Mme DU CROISY.

Vous aussi, madame, vous pensez être bien dans ce grand appartement?

Mme DE FRENICOURT.

Il est charmant, et nous y serons admirablement...

Mme DU CROISY.

Alors, souffrez que Julie reste dans l'antichambre pour le cas où vous auriez besoin d'elle ; je serais plus rassurée sur votre compte...

Mme LAVENEUR (*vivement*).

Non, non... Nous ne redoutons rien... Du moins, je n'ai pas peur...

Mme DE FRENICOURT.

Comment aurions-nous peur dans un château-fort comme celui-ci? Car ce n'est pas une de ces maisons de campagne comme on en voit tant, si légères qu'un coup de vent les renverse... Nous sommes à l'abri de tout, ici, certainement.

Mme LAVENEUR.

Mais ce château n'a-t-il pas soutenu plusieurs sièges, autrefois?

Mme DE FRENICOURT.

Je l'ai entendu dire, en effet.

Mme DU CROISY.

Pas du temps de M. du Croisy, que je sache. — Julie!

JULIE.

Madame?

Mme DU CROISY.

Avez-vous fait ce que je vous ai recommandé?

JULIE.

Oui, madame.

Mme DU CROISY.

Je vous abandonne donc, mesdames, à votre malheureux sort

Mme LAVENEUR.

C'est cela, plaignez-nous...

Mme DU CROISY.

A demain donc.

Mme DE FREMICOURT.

A demain, chère madame.

Mme DU CROISY.

A demain.

Mme LAVENEUR.

Et bonne nuit.

Mme DE FRENICOURT.

Bonne nuit.

Mme DU CROISY.

Bonne nuit.

(Mme du Croisy sort avec Julie, laissant Mmes Lareneur et de Frémicourt seules dans leur appartement.)

SCENE DEUXIEME.

Louise LAVENEUR et Henriette de FREMICOURT seules.

(Tout en causant, elles se déshabillent et se mettent au lit.)

HENRIETTE DE FREMICOURT.

Il est certain, chère madame, que nous serons ici on ne peut mieux; n'est-ce pas?

LOUISE LAVENEUR.

J'ai toujours adoré les grands appartements.

HENRIETTE.

On a de l'air, dans un grand appartement, on a de l'espace, on respire, on vit. — Vous avez à Paris, m'a-t-on dit, madame, une délicieuse habitation?

LOUISE.

Pour Paris.

.HENRIETTE.

Plusieurs dames de mes amies ont été de cet avis.

LOUISE.

Ces dames sont bien bonnes. Cette habitation est une folie de mon mari, à laquelle je me repens tous les jours de m'être associée.

HENRIETTE.

Quelle place au lit préférez-vous, dites-moi?

LOUISE.

Aucune, je les trouve toutes bonnes.

HENRIETTE.

Bien vrai?

LOUISE.

Je vous jure.

HENRIETTE.

J'aime à croire que vous ne faites point de cérémonies?

LOUISE.

Je n'en fais jamais.

HENRIETTE.

J'avais une frayeur... mais une frayeur atroce, que cette fille restât ici.

LOUISE.

Toutes les fois qu'il m'est arrivé de faire coucher ma femme de chambre dans mon voisinage, toujours il m'a été impossible de dormir.

HENRIETTE.

Elle ronflait, peut-être?

LOUISE.

Comme un soufflet de forge. C'était odieux!

HENRIETTE.

Ne puis-je vous être d'aucune utilité?

LOUISE.

Mille fois trop bonne, en vérité!

HENRIETTE.

Je me mets entièrement à votre disposition.

LOUISE.

A charge de revanche, je vous en prie.

HENRIETTE.

Vous avicz une toilette charmante.

LOUISE.

Oh ! bien simple, bien simple…

HENRIETTE.

Excessivement distinguée.

LOUISE.

Que j'aime cette bonne Mme du Croisy !

HENRIETTE.

Je l'aime beaucoup aussi.

LOUISE.

Ma tante l'adorait.—Vos cheveux sont magnifiques !...

HENRIETTE.

Vous me flattez.

LOUISE.

Pas le moins du monde. Jamais je n'en ai vu de plus beaux. J'en suis jalouse...

HENRIETTE.

J'en ai beaucoup perdu, et cependant j'en ai toujours eu grand soin.

LOUISE.

On le voit.

HENRIETTE (*se mettant au lit*).

Je me mets au lit.

LOUISE.

Je ne vais pas tarder à vous rejoindre. — Étiez-vous déjà venue à Lusignan ?

HENRIETTE.

Une fois, avec ma tante; j'étais petite fille, c'est à peine si je me le rappelle. — Pauvre tante ! — Le croiriez-vous, je suis si souffrante ! tantôt en descendant de voiture...

LOUISE.

Vraiment!

HENRIETTE.

Je me demandais si je me mettrais à table... Tout-à-fait mal à mon aise!

LOUISE.

Pourquoi n'en avoir rien dit?

HENRIETTE.

Je n'ai point osé.

LOUISE.

Vous avez eu tort.

HENRIETTE.

J'ai si peur d'avoir l'air de me rendre intéressante ! J'ai bien fait et m'en applaudis à présent, ce n'était rien; à peine sortie de table, je n'y ai plus pensé.

LOUISE.

Et à présent ?

HENRIETTE.

Je n'y pense plus.—Je l'ai remarqué, chaque fois que j'ai le malheur de changer mes habitudes, c'est un tribut qu'il faut que je paye : je suis faite pour rester chez moi. Non, décidément, je n'aime pas la campagne, je commence à le croire.

LOUISE.

Le grand air, peut-être, produit sur vous cet effet.

HENRIETTE.

Je le crois.

LOUISE (*sur le point de monter dans le lit*):

Voulez-vous, chère madame, me faire l'honneur de m'accepter ?

HENRIETTE.

Comment donc! mais avec le plus grand plaisir.—Prenez ma place, je vous prie.

LOUISE.

Du tout, du tout, je n'en ferai rien.

HENRIETTE.

Pourquoi ?

LOUISE.

Je n'en ferai rien, vous dis-je; je suis ici on ne peut mieux.

HENRIETTE.

J'étais loin de m'attendre à cette bonne fortune... C'est une surprise dont je sais infiniment de gré à la maîtresse de la maison.

LOUISE.

Il y avait si longtemps que je lui avais manifesté le désir de me rencontrer avec vous!

HENRIETTE.

Mais c'est divin ce que vous me dites là!

LOUISE.

Elle ne pouvait rien faire qui me fût plus agréable.

HENRIETTE.

J'espère, chère madame, justifier un jour l'excellente opinion que vous avez conçue de moi.

LOUISE.

C'est déjà fait.

HENRIETTE.

Vous me rendez bien fière!...

LOUISE.

Comme ce château est calme!

HENRIETTE.

N'est-ce pas? on se croirait au bout du monde.

LOUISE.

Vous ne redoutez pas l'obscurité?

HENRIETTE.

Au contraire.

LOUISE.

Puis-je souffler la bougie?

HENRIETTE.

Je n'osais vous en prier.

LOUISE.

Vous aviez grand tort. (*Elle souffle la bougie.*) Comment vous trouvez-vous à présent?

HENRIETTE.

Admirablement. J'ai toujours trouvé qu'on est bien plus seule encore dans l'obscurité.

LOUISE.

Je suis de votre avis.

HENRIETTE.

Vous avez envie de dormir?

LOUISE.

Pas du tout; et vous, madame?

HENRIETTE.

Pas le moins du monde.

LOUISE.

Causons un peu, alors.

HENRIETTE.

Volontiers.

LOUISE.

Approchez-vous de moi...

HENRIETTE.

Je crains de vous gêner.

LOUISE.

Quelle folie! vous êtes à cent lieues... Encore, encore... — Vous imposé-je? Je ne le pense pas...

HENRIETTE.

Non, chère madame.

LOUISE.

Encore... encore... avancez encore!...

HENRIETTE.

Je ne puis davantage.

LOUISE.

Vous semblez avoir froid.

HENRIETTE.

Vous croyez?

LOUISE.

J'en suis sûre. Vos petits pieds sont de marbre.

HENRIETTE.

J'ai toujours eu froid aux pieds.

LOUISE.

Moi aussi, quand j'étais demoiselle.

HENRIETTE.

Et à présent?...

LOUISE.

C'est bien rare.

HENRIETTE.

Quel silence!

LOUISE.

Le silence le plus profond. Vous n'avez pas peur?

HENRIETTE.

Peur! et de quoi? — Comme il doit être tard!...

LOUISE.

Jamais on ne couche ici. Que je souffre donc de vous savoir si froid aux pieds!

HENRIETTE.

J'en ai l'habitude.

LOUISE.

Je vais les réchauffer aux miens ; voulez-vous?

HENRIETTE.

Mais vraiment, chère madame, vous avez pour moi mille fois trop de bontés.

LOUISE.

Vos ravissants petits petons!

HENRIETTE.

Que vous êtes bonne!

LOUISE.

C'est qu'aussi vous le méritez bien! Comment vous trouvez-vous à présent?

HENRIETTE.

Je me sens déjà mieux.

LOUISE.

Vous avez moins froid?

HENRIETTE.

Plus du tout.

LOUISE.

Vos bons et adorables petits pieds!

HENRIETTE.

Vous n'avez rien à m'envier de ce côté-là.

LOUISE.

Savez-vous que nous nous faisons des compliments comme des amoureux?...

HENRIETTE.

Mais oui...

LOUISE.

C'est singulier ; toujours vous m'avez inspiré beaucoup de sympathie.

HENRIETTE.

Vraiment !

LOUISE.

Et cela, dès le premier jour.

HENRIETTE.

J'allais vous avouer la même chose.

LOUISE.

Et dire que si nous ne nous étions

rencontrées ici, peut-être serions-nous restées des éternités sans nous le dire!

HENRIETTE.

Jamais je n'eusse osé.

LOUISE.

Et pourquoi?

HENRIETTE.

Si vous saviez combien, depuis mon mariage, je suis devenue réservée!

LOUISE.

En vérité?

HENRIETTE.

Mon mari ne me permet pas de dire un mot.

LOUISE.

Il a l'air si doux.

HENRIETTE.

Mais il est si indifférent!

LOUISE.

Vous m'étonnez.

HENRIETTE.

Il est de glace!

LOUISE.

Il me semble aux petits soins pour vous.

HENRIETTE.

Devant le monde, oui.

LOUISE.

Et en tête-à-tête?

HENRIETTE.

Il ne dit rien, pas un mot... Au

reste, il ne m'inspire aucune confiance...

LOUISE.

Pauvre chère petite madame!

HENRIETTE.

C'est au point que, souvent, quand il m'arrivait de vouloir l'embrasser... j'en avais grande envie...

LOUISE.

Eh bien?...

HENRIETTE.

Je n'osais point...

LOUISE.

Parceque?...

HENRIETTE.

Je ne savais si cela lui ferait plaisir. — Et si je vous disais...

LOUISE.

Quoi donc?...

HENRIETTE.

Non!... à quoi bon?

LOUISE.

Pourquoi ne pas me le dire?

HENRIETTE.

Vous m'embarrassez.

LOUISE.

Ai-je donc l'air si sévère? — Vous me permettrez de n'en rien croire.

HENRIETTE.

Si fait, je vous assure... — Et le vôtre?

LOUISE.

N'en parlons pas, je vous en prie. Je n'ai pas assez de bien à en dire; aussi ai-je fini par en prendre mon parti...

HENRIETTE.

Comment cela ?...

LOUISE.

Figurez-vous, chère madame, des semaines entières...

HENRIETTE.

Sans vous embrasser?

LOUISE.

Oui!

HENRIETTE.

Mais c'est affreux!...

LOUISE.

Et le vôtre? souvent aussi des semaines entières...

HENRIETTE.

Sans me faire la moindre caresse;

dans l'intérêt de ma santé, à ce qu'il dit...

LOUISE.

Ces messieurs disent tous la même chose...

HENRIETTE.

Et la conduite qu'ils mènent aujourd'hui, comment la trouvez-vous?

LOUISE.

Originale!

HENRIETTE.

Moi, je la trouve odieuse; d'autant plus odieuse qu'ils savaient parfaitement que nous arrivions aujourd'hui. Mais non! ces messieurs n'ont pas voulu remettre leur partie. Ils s'en sont allés chasser, emmenant tout ce qu'il y avait d'hommes au château, ne prenant aucun souci de nous, et qui sait si, dans l'abandon où ils nous laissent, des gens mal intentionnés ne vont pas profiter de l'occasion pour nous surprendre... Cela pourrait bien arriver!

LOUISE.

Vous me faites frémir!

HENRIETTE.

J'espère qu'il n'en sera rien...

LOUISE.

Je l'espère aussi.

HENRIETTE.

Comme ils se ressemblent bien tous!

LOUISE.

N'est-ce pas?

HENRIETTE.

Une fois qu'ils ont obtenu ce qu'ils désirent...

LOUISE.

Ils parlent d'autre chose...

HENRIETTE.

Ou s'endorment!...

LOUISE.

Ils sont tous taillés sur le même patron.

HENRIETTE.

Il faut nous résigner.

LOUISE.

C'est triste.

HENRIETTE.

Que voulez-vous!...

LOUISE.

Dites-moi, chère madame; voyez-vous encore quelquefois vos anciennes amies de pension?

HENRIETTE.

Bien rarement.

LOUISE.

Les aimiez-vous?

HENRIETTE.

Le nombre en était restreint, de celles que j'aimais; mais je les aimais beaucoup... une, surtout...

LOUISE.

Mariée?

HENRIETTE.

Depuis deux mois.

LOUISE.

J'en avais quelques-unes aussi, que j'ai conservées; une surtout que je vois encore et que je préfère à toutes... Elle n'est pas mariée...

HENRIETTE.

Elle désire l'être?

LOUISE.

Non.

HENRIETTE.

Pourquoi?

LOUISE.

Elle a peur des enfants.

HENRIETTE.

Ah! oui, les vilains enfants!

LOUISE.

Ils nous tuent.

HENRIETTE.

Vous en avez?...

LOUISE.

Je n'en ai jamais eu.

HENRIETTE.

Ni moi.—Comme j'ai chaud à présent!...

LOUISE.

Tant mieux, et j'en suis enchantée.

HENRIETTE.

Et cela grâce à vous!...

LOUISE.

Nous n'avons donc plus froid à nos gentils petits petons?

HENRIETTE.

Plus du tout. — Que vous êtes bonne, et comme vous me gâtez!...

LOUISE.

Non, je vous traite comme une

adorable petite créature que vous êtes.

HENRIETTE.

Ah!...

LOUISE.

Quoi donc?

HENRIETTE.

Vous me chatouillez...

LOUISE.

Vous êtes chatouilleuse?

HENRIETTE.

Beaucoup.

LOUISE.

Comme toutes les blondes.

HENRIETTE.

J'aurais tant aimé être brune !

LOUISE

Quelle idée !

HENRIETTE.

Je serais homme, je n'aimerais que les brunes.

LOUISE.

Les blondes sont plus aimantes, dit-on...

HENRIETTE.

Le croiriez-vous?...

LOUISE.

Je suis tentée de le croire.

HENRIETTE.

Quelle preuve en avez-vous?

LOUISE.

Ma petite amie, celle dont je vous ai parlé...

HENRIETTE.

Celle qui n'est point mariée?...

LOUISE.

Oui, ma petite Nini...

HENRIETTE.

Elle est blonde?

LOUISE.

Comme vous, de votre nuance, cendrée, que je trouve adorable...

HENRIETTE.

Et elle est aimante?...

LOUISE.

Si elle est aimante!

HENRIETTE.

Oui?...

LOUISE.

C'est-à-dire que lorsqu'il m'arrive

de quitter Paris, ce qui a lieu bien rarement, elle est désolée, et si je suis deux jours sans lui donner de mes nouvelles, elle est aux abois, elle pleure, elle se désespère, elle vous ferait pitié...

HENRIETTE.

Pauvre demoiselle!

LOUISE.

Elle ne peut rassembler deux idées... Puis, quand elle me revoit...

HENRIETTE.

Elle est enchantée?...

LOUISE.

Il lui prend des crises, des transports qui feraient craindre pour sa raison si on ne la connaissait pas. Ce que je vous dis est à la lettre...

HENRIETTE.

Comment se traduisent ses accès? Elle vous embrasse?...

LOUISE.

Elle me mange de caresses, elle me dévore!...

HENRIETTE.

Et vous, chère madame, et vous?

LOUISE.

Chut!

HENRIETTE.

Pourquoi ne pas me le dire, oui, pourquoi?...

LOUISE.

Je vous le dirai.

HENRIETTE.

Quand?... Quand me le direz-vous?...

LOUISE.

Plus tard; si jamais nous devenons bonnes amies.

HENRIETTE.

Nous le deviendrons, n'est-ce pas? nous le deviendrons; le pensez-vous?

LOUISE.

Je l'espère...

HENRIETTE.

J'en serais bien heureuse !

LOUISE.

Pas plus que moi.

HENRIETTE.

Aussi, quand il a été décidé que nous passerions la nuit ensemble...

LOUISE.

Quel effet a produit sur vous cette résolution?

HENRIETTE.

Un plaisir! mais un plaisir... que je n'osais y croire!...

LOUISE.

C'est on ne peut plus aimable ce ce que vous me dites là!...

HENRIETTE.

Je le dis comme je le pense.

LOUISE.

Combien je suis ravie de vous voir dans ces bonnes dispositions!—Mais qu'avez-vous? je vous sens toute tremblante...

HENRIETTE.

Je ne sais...

LOUISE.

Venez que je vous confesse. Dites-moi un peu ce que vous avez?...

HENRIETTE.

J'ai peur...

LOUISE.

Peur? et de quoi?—Voyons, que je vous rassure; n'auriez-vous pas confiance en moi, que vous avez si peur?

HENRIETTE.

Oh! si fait! si fait! je vous jure.

LOUISE.

Pourquoi donc alors être si émue?

HENRIETTE.

J'ai tort...

LOUISE.

Certainement, et grand tort! Venez, que je baise vos beaux yeux; dites, le voulez-vous?

HENRIETTE.

Oh! oui, oui, je vous en prie! Je suis sûre que cela me fera du bien...

LOUISE.

Bon petit trésor adoré!... Baisez-moi, vous aussi...

HENRIETTE.

Avec grand plaisir!...

LOUISE.

Prouvez-moi que vous m'aimerez un jour...

HENRIETTE.

Je vous aime déjà, et beaucoup!

LOUISE.

Bien vrai? Comme ma petite Nini?...

HENRIETTE.

Je doute qu'elle puisse vous aimer davantage...

LOUISE.

Je voudrais pouvoir vous montrer comme elle m'embrasse...

HENRIETTE.

Pourquoi pas le faire? Oh oui!

oui! montrez-le moi, je vous en prie, montrez-le moi!...

LOUISE.

Comme ceci... j'approche mes lèvres des siennes... Eh bien?

HENRIETTE.

Ah! chère madame!...

LOUISE.

Qu'avez-vous éprouvé?

HENRIETTE.

Comme vous m'avez rendue heureuse!

LOUISE.

Donne ta bouche, ange adoré! ton joli petit bec... Encore! encore! veux-tu?...

HENRIETTE.

Oui! oui! toujours! toujours!...

LOUISE.

Eh bien?

HENRIETTE.

Je suis bien heureuse!... bien heureuse!...

LOUISE.

Comment nous trouvons-nous de ces bonnes petites caresses?

HENRIETTE.

C'est à en devenir folle!

LOUISE.

Veux-tu le devenir? dis, cher ange, le devenir tout à fait?

HENRIETTE.

Oh ! oui ! oh ! oui !...

LOUISE.

Tiens, ma minette, tiens !

HENRIETTE.

Ah ! je suis morte !...

LOUISE.

Comme ta bouche est fraîche !...

HENRIETTE.

Que c'est donc bon !...

LOUISE.

Es-tu ma petite femme?...

HENRIETTE.

Oui! oui!

LOUISE.

Tu es bien à moi?...

HENRIETTE.

Oui, oui, bien à vous!

LOUISE.

Plus de vous entre nous, ma mignonne; plus de vous, cher cœur, je t'en prie; dis que tu es à moi, bien à moi!

HENRIETTE.

Bien à toi, toute à toi, tout mon être, tout mon moi!...

LOUISE.

Que je te baise, que je te baise encore... Dis-moi, dis-moi de te baiser!...

HENRIETTE.

Baise-moi ! Baise-moi ! toujours ! toujours ! encore !

LOUISE.

Ta petite amie te procure-t-elle autant de bonheur ?

HENRIETTE.

Je n'ai jamais pu obtenir d'elle rien de ce que je rêvais.

LOUISE.

Elle ne l'a pas devinée ?

HENRIETTE.

Jamais je n'ai pu que l'embrasser, et encore...

LOUISE.

Comment?

HENRIETTE.

Pas comme j'aurais voulu ..

LOUISE.

Pas comme moi?

HENRIETTE.

Mon bel ange! que je te baise encore, pour te bien montrer comme j'aurais désiré te faire... Tiens, tiens, tiens.... mes lèvres embrassant les tiennes.... mourir sur ta bouche,... voilà ce que je voudrais... Tiens, tiens, comme je le fais...

LOUISE.

Comme nous le faisons, mignonne.

HENRIETTE.

Dis-moi, mon ange...

LOUISE.

Quoi, chère minon-minette?

HENRIETTE.

Dis-moi tout ce que vous faites avec ta petite Nini. Je veux tout savoir!... Ne me cache rien, je t'en prie! Vous embrassez-vous aussitôt au lit?

LOUISE.

Pas tout de suite...

HENRIETTE.

Que faites-vous, dis, que faites-vous?

LOUISE.

Nous nous mettons toutes nues.

HENRIETTE.

Ce que je n'osais te demander...

LOUISE.

Enfant! et pourquoi?

HENRIETTE.

Veux-tu que j'ose?

LOUISE.

Donne-moi ta main.

HENRIETTE.

Tu es toute nue!... Rallume, je t'en prie, rallume, que je t'admire!

LOUISE (*après avoir rallumé la bougie*).

Voilà.

HENRIETTE.

Comme tu es belle? Laisse-moi bien te voir, t'admirer à mon aise!...

LOUISE.

Nous ne nous étions point encore vues...

HENRIETTE.

Que depuis que nous sommes l'une à l'autre...

LOUISE.

Comment! tout cela est à moi?...

HENRIETTE.

Tout est à toi! tout mon être! ma vie! toute à toi! toute!

LOUISE.

Que tu es bonne!

HENRIETTE.

Votre petite langue... dans ma bouche, donnez, donnez!

LOUISE.

Tenez, tenez, gourmande...

HENRIETTE.

Je suis aux anges! Tiens, tiens, dans ma bouche ton petit nénet...

LOUISE.

Donne le tien, ma mie, le tien dans la mienne!...

HENRIETTE.

Suce! suce! bonne chatte! suce!

LOUISE.

Oh! mamie, mamie, je le fais!... je... le... fais... M'as-tu senti?...

HENRIETTE.

Oui! oui!

LOUISE.

Ta main, mamie, ta main!

HENRIETTE.

Tout humide...

LOUISE.

Voyons chez vous, chère madame... Oh! cher cœur! tu l'es plus que moi encore...

HENRIETTE.

Sommes-nous assez heureuses!...

LOUISE.

Et point d'enfants à craindre!...

HENRIETTE.

Et nos maris?...

LOUISE.

Traitons-les comme ils le méritent : faisons-les cocus !...

HENRIETTE.

Où vas-tu, cher trésor, où vas-tu ?

LOUISE.

Laisse-moi, ma reine, laisse-moi

tout visiter, comme à ma petite Nini.

HENRIETTE.

Que fais-tu, mamie? que me fais-tu? que veux-tu?...

LOUISE.

Te montrer combien je t'aime!

HENRIETTE.

Ah! mon ange, tu me combles!... je... je me... je me meurs... ah! ah!... tu m'as tuée... tu m'as tuée...

Que m'as-tu fait, Louise, que m'as-tu fait !...

LOUISE.

Ce que tu vas me faire... Viens, viens, je t'en prie...

HENRIETTE.

Oui, mais souffle la bougie...

LOUISE.

Je ne te verrais plus...

HENRIETTE.

Tu as raison.

LOUISE.

Tu ne m'en veux pas, cher trésor, des jolies petites choses que je me suis permises?...

HENRIETTE.

Je serais bien ingrate... Et la preuve c'est que je vais te rendre la pareille...

LOUISE.

Mets-toi bien à ton aise, mon Henriette.

HENRIETTE.

Oui, mignonne.

LOUISE.

Ta petite tête est-elle bien?

HENRIETTE.

Ne t'occupe pas de moi... Me sens-tu?

LOUISE.

Oui, trésor, je sens ta bonne petite langue. Ah! que c'est bon... que c'est donc bon! Va, va, mon ange chéri; va, va... ne me quitte pas!... suce, suce! promène ta petite langue, promène-la comme je fais... Merci! merci! viens me baiser! viens que je la baise, ta bonne bouche fraîche, tout humide de moi...

HENRIETTE.

Vous êtes satisfaite, chère madame, de votre petite élève?

LOUISE.

Ma petite élève est une petite...

HENRIETTE.

Une petite...

LOUISE.

Une petite cochonne.

HENRIETTE.

Nous sommes deux petites cochonnes.

LOUISE.

Tu as été heureuse?

HENRIETTE.

Si heureuse, que je n'ose le croire!

LOUISE.

Tu n'avais encore rien goûté?...

HENRIETTE.

Si peu! comparé à ce que tu m'as fait éprouver...

LOUISE.

Avais-tu jamais rêvé ce que nous avons fait?

HENRIETTE.

Toujours je l'ai désiré, mais je n'osais espérer rencontrer jamais quelqu'un qui me comprit comme tu m'as comprise, chère bonne!...

LOUISE.

Que désirais-tu, mamie, dis-le moi, je t'en prie ; que désirais-tu ?

HENRIETTE.

Te baiser partout, comme je te baise... C'est ta bouche que je voulais baiser, tes yeux, ta gorge, tout, comme je le fais...

LOUISE.

Viens le faire encore; dis, veux-tu?...

HENRIETTE.

Toujours... nous le ferons ensemble toujours!...

LOUISE.

Suçons-nous...

HENRIETTE.

Je commence.

LOUISE.

Comme tu me suces bien!

HENRIETTE.

Pas mieux que toi... Va, va, mon chat; plus vite, plus vite!... tue-moi!.. tue-moi!.. comme si tu étais mon petit homme!... ah! ah! maman! ma...man!... ah! ah!.. ah!... Je suis morte... tu m'as... tuée!... tuée!.. ah!... que c'est bon!.. mon dieu!.... je suis.... mor...te..... Ah!...

LOUISE.

Tu n'aimeras jamais que moi?

HENRIETTE.

Je te le promets.

LOUISE.

Dis-moi, bonne chatte, je voudrais une chose...

HENRIETTE.

Que voudrais-tu, que je puisse te donner? cherche dans tout ce que je possède... Que peux-tu désirer que je ne t'aie donné?

LOUISE.

Je voudrais, te dis-je, une chose...

HENRIETTE.

Quelle chose?

LOUISE.

Que nous disions...

HENRIETTE.

Que veux-tu que je dise?

LOUISE.

Des vilains mots...

HENRIETTE.

Je n'en sais pas.

LOUISE.

Si, si ! t'en prie, t'en prie !...

HENRIETTE.

On n'en disait pas à la pension.

LOUISE.

On en disait à la mienne...

HENRIETTE.

Commence.

LOUISE.

Bonne minette, quel genre de caresse voudrais-tu me faire?

HENRIETTE.

Je te les ai toutes faites.

LOUISE.

Nomme-m'en une... non, ne me la fais pas... dis-la-moi... Que voudrais-tu me faire?

HENRIETTE.

Je voudrais...

LOUISE.

Quoi, mon ange? que voudrais-tu me faire, qui nous rendrait toutes deux bien heureuses?... Et plus heureuses encore, si je l'entendais... dis, chère minette, dis?

HENRIETTE.

Je n'ose pas...

LOUISE.

T'en prie... dis-le tout haut!...

HENRIETTE.

Je voudrais te sucer...

LOUISE.

Nous l'avons dit. Une chose, mamie, que nous n'avons point dite : que voudrais-tu me sucer?

HENRIETTE.

Ton petit cucu...

LOUISE.

Mon petit cucu?

HENRIETTE.

Oui, ton petit cucu...

LOUISE.

Ce n'est pas à mon petit cucu que tu touches du doigt... Comment appelles-tu ce que tu touches?

HENRIETTE.

Je ne sais.

LOUISE.

Bien vrai?

HENRIETTE.

Je te jure.

LOUISE.

C'est mon petit con, ma minette chérie; mon petit con. — Dis mon con, trésor, mon petit con!...

HENRIETTE.

Ton petit con.

LOUISE.

Donne ton bec pour te remercier, ton cher petit bec! — Dis-le encore ce mot, si joli dans ta bouche : mon con!... dis : mon con.

HENRIETTE.

Ton con, mon ange, ton bon petit con!

LOUISE.

Voudrais-tu m'enfiler, mon petit homme?

HENRIETTE.

Oui, oui, je t'enfilerais!

LOUISE.

Que mettrais-tu dans mon con, en m'enfilant?

HENRIETTE.

Mon machin.

LOUISE.

Quel machin? ou plutôt quelle machine? son nom, t'en prie, son nom, à la machine? — Si je te le dis, le répéteras-tu?

HENRIETTE.

Tout de suite.

LOUISE.

Ma pine.

HENRIETTE.

Ta pine.

LOUISE.

C'est une pine, mamie; avec ta pine, ta pine dans mon con, ta grosse pine!...

HENRIETTE.

Ta belle pine ! ta grosse pine dans mon con...

LOUISE.

Tu me la sucerais, ma pine ?...

HENRIETTE.

Je te la sucerais, je la mettrais tout entière dans ma bouche, comme je mets ma langue dans ton con... Écarte les jambes que je l'y mette encore...

LOUISE.

Tiens, tiens, tiens!...

HENRIETTE.

Merci! merci! comme je le suce, ton joli con!...

LOUISE.

Pourquoi ne sucerai-je point le tien? Attends que je m'y mette... J'y suis!...

HENRIETTE.

Je n'ai jamais tant désiré une pine!...

LOUISE.

Écarte bien mes lèvres avec tes doigts pour bien faire entrer ta langue, comme je te le fais... Bien, bien... va vite, va vite!... Bien...

bien... cochonne... je décharge... Le faire, mamie, c'est décharger...

HENRIETTE.

Je décharge, je décharge...

LOUISE.

Nous déchargeons...

HENRIETTE.

Dans nos bouches, mamie, dans nos bouches!...

LOUISE.

Recommençons, sans nous quitter.

HENRIETTE.

Oh oui! oh oui! Tiens! tiens!...

LOUISE.

Jouis-tu comme moi?

HENRIETTE.

Mieux qu'avec une pine...

LOUISE.

Dans un con... Va, mamie, va... plus vite!

HENRIETTE.

Dans nos deux cons... Tu jouis?

LOUISE.

Dis toujours ta pine.. ta.. pi...ne...

HENRIETTE.

Ta pine, ma pine... ma grosse pine...

LOUISE.

Je le fais, je le fais... et toi, trésor?

HENRIETTE.

Je décharge... Suce encore!

LOUISE.

Suce aussi... Bien, bien... Con... pine... con... pine... mon con...

HENRIETTE.

Ma pine... mon vit... Dis mon vit...

LOUISE.

Mon vit, ma pine et mon con... Mon con et ta pine... Tu savais mon vit... où l'as-tu su?...

HENRIETTE.

J'ai entendu ma femme de chambre disant à son mari : « Ton vit; » puis : « Pinons. »

LOUISE.

Pinons aussi, et déchargeons!

HENRIETTE.

Comment?

LOUISE.

Oui, déchargeons... Quand on le fait, et que la liqueur s'épanche, on décharge.

HENRIETTE.

Je décharge!

LOUISE.

Tiens, tiens, tiens, les belles fesses que je baise! Tes tétons qui raidissent... qui raidissent comme des pines!... J'en décharge... j'en dé... dé...charge... Ah! ah! je suis morte... mor...te...

HENRIETTE.

Marions-les, nos deux langues qui nous ont rendues si heureuses.

LOUISE.

Mamie, nous pinons sans piner...

HENRIETTE.

Je suis rompue.

LOUISE.

Je le ferais encore !

HENRIETTE.

Soyons raisonnables.

LOUISE.

Non, je voudrais mourir en le faisant... Sens-tu ma bouche sur ton con ?... sens-tu ma langue dans ton con ?... La sens-tu, comme je l'entre !

HENRIETTE.

Enfonce-la bien, comme un vit!... oui, oui, je la sens!...

LOUISE.

Un vit, un gros vit... Une grosse pine... ta grosse pine!... Comme je te voudrais une grosse pine à moi, à moi toute seule!... que n'en as-tu une! Ta pine, je la sucerais!...

HENRIETTE.

Roulons-nous dans nos bras... serre-moi, serre-moi bien!

LOUISE.

Tu m'enroules, petit serpent!

HENRIETTE.

Si l'on venait, mamie, si l'on venait...

LOUISE.

Nous ne serions point surprises, ne crains rien.

HENRIETTE.

Tu crois?

LOUISE.

J'ai pris mes précautions.

HENRIETTE.

Tu pensais donc...

LOUISE.

Oui, que je te ferais toutes les caresses que je t'ai faites; et pourtant je n'osais le croire...

HENRIETTE.

Si je m'y étais refusée?...

LOUISE.

Je me jetais par la fenêtre, si je n'avais pas eu assez de force pour arriver à mes fins!...

HENRIETTE.

Je comptais sur ton sommeil pour te mettre la main à ton con, mais si doucement que tu aurais cru le faire seule...

LOUISE.

J'avais la même idée.

HENRIETTE.

Ces belles et bonnes fesses que je n'ai point assez baisées!...

LOUISE.

Ni moi les tiennes!

HENRIETTE.

Dormons.

LOUISE.

Oui,... mais nos doigts dans nos cons...

HENRIETTE.

Dans nos cons, comme des pines !

LOUISE.

Les pines nous manquent.

HENRIETTE.

Mais les hommes point.

LOUISE.

Quels égoïstes !

HENRIETTE.

Quand ils l'ont fait, ils nous quittent.

LOUISE.

Ils débandent.

HENRIETTE.

Tu dis?...

LOUISE.

Ils débandent : leurs pines sont molles et elles se retirent...

HENRIETTE.

J'aurais tant aimé dormir...

LOUISE.

Une pine dans ton con?...

HENRIETTE.

Oui.

LOUISE.

Dis-le!

HENRIETTE.

Une grosse pine dans mon con..

LOUISE.

Les aimes-tu?

HENRIETTE.

Les grosses pines? Je les aimerais, oui!

LOUISE.

Ton mari?...

HENRIETTE.

Petite pine!...

LOUISE.

La pine du mien me blesse; elle est énorme.

HENRIETTE.

Je n'ose la lui prendre, au mien...

LOUISE.

Comme moi... Tu as plus de

poils, et ils sont plus longs que les miens.

HENRIETTE.

Laisse, laisse, mamie, tu me le ferais faire encore...

LOUISE.

Tu déchargerais?...

HENRIETTE.

Je déchargerais toujours; c'est si bon!

LOUISE.

Tu m'aimes?...

HENRIETTE.

Comme je n'ai jamais aimé! Je t'aime pour te faire plaisir; j'aime à te voir jouir... Tu es si belle quand tu jouis!...

LOUISE.

Tes yeux sont à demi fermés... Viens que je les baise encore, mes beaux yeux!...

HENRIETTE.

Ils sont bien à toi.

LOUISE.

Comme ton con.

HENRIETTE.

Nos deux cons!...

LOUISE.

Dis-moi, mamie?

HENRIETTE.

Que veux-tu?...

LOUISE.

Jouis-tu avec une vraie pine?...

HENRIETTE.

Je n'ai jamais bien joui... Quand j'allais jouir...

LOUISE.

Elle se retirait?...

HENRIETTE.

Avant que je le fisse...

LOUISE.

Que faisais-tu, alors?

HENRIETTE.

Je me touchais...

LOUISE.

Comment?

HENRIETTE.

Donne ta main, que je la dirige...

LOUISE.

Tu te branlais?...

HENRIETTE.

Oui, je me branlais, pour en finir.

LOUISE.

T'ai-je bien branlée?...

HENRIETTE.

Oh oui! bien branlée! Comment, mamie, ça s'appelle quand on branle avec sa langue?

LOUISE.

Faire minon minette.

HENRIETTE.

Je t'ai fait minon minette!

LOUISE.

Tu me le feras encore?

HENRIETTE.

Toujours... Et toi?

LOUISE.

Aussi.

HENRIETTE.

C'est si bon!

LOUISE.

N'est-ce pas?

HENRIETTE.

Ton mari ne te l'a pas fait?

LOUISE.

Jamais.

HENRIETTE.

Ni le mien. Et la Nini? Tu lui as fait minon minette?

LOUISE.

Oui.

HENRIETTE.

Elle aime cela?

LOUISE.

Ça la rend malade; sans cela...

HENRIETTE.

Pauvre minette!... Elle te le fait?...

LOUISE.

Elle adore me le faire. Plus je jouis, plus elle est heureuse...

HENRIETTE.

A-t-elle un joli con ?

LOUISE.

Ce n'est pas le tien.

HENRIETTE.

Je n'aimerais pas une amie qui n'aimerait pas à le faire.

LOUISE.

Elle l'aimerait : mais si je le lui fais deux fois, elle est huit jours au lit.

HENRIETTE.

Tu la branles?

LOUISE.

Je suce ses tétons en la branlant.

HENRIETTE.

Elle décharge?...

LOUISE.

Comme nous n'avons jamais déchargé. Et la tienne, ta petite amie, que lui fais-tu?

HENRIETTE.

Croirais-tu que je n'ai jamais pu la sucer?

LOUISE.

Lui sucer le con?

HENRIETTE.

Jamais je n'ai sucé son con.

LOUISE.

Tu l'as branlée, ne me le cache pas?

HENRIETTE.

Nous nous branlons.

LOUISE.

Eh bien ?

HENRIETTE:

C'est la croix et la bannière pour arriver là !

LOUISE.

L'aimes-tu toujours ?

HENRIETTE.

Oses-tu me le demander! à présent je la déteste.

LOUISE.

Si j'avais une pine...

HENRIETTE.

Je dormirais ta pine dans mon con ; et toi ?

LOUISE.

Mon vit dans tes cuisses ou dans ton con...

HENRIETTE.

Dormons nos doigts dans nos cons.

LOUISE.

Nous les y avons.

HENRIETTE.

A demain, trésor!

LOUISE.

A demain!

HENRIETTE.

Demain, en nous réveillant, que ferons-nous?

LOUISE.

Nous recommencerons.

FIN.

www.ingramcontent.com/pod-product-compliance
Lightning Source LLC
Chambersburg PA
CBHW071727090426
42738CB00009B/1905